观复猫

博物馆的猫馆长

马未都

中信出版集团 · CHINA CITIC PRESS · 北京

图书在版编目（CIP）数据

观复猫：博物馆的猫馆长 / 马未都著. -- 北京：
中信出版社, 2016.1（2021.7 重印）
ISBN 978-7-5086-5765-3

Ⅰ. ①观… Ⅱ. ①马… Ⅲ. ①收藏－文化－中国－通
俗读物 Ⅳ. ①G894-49
中国版本图书馆CIP数据核字(2015)第308977号

观复猫——博物馆的猫馆长

著　　者：马未都
策划推广：中信出版社（China CITIC Press）
出版发行：中信出版集团股份有限公司（北京市朝阳区惠新东街甲4号富盛大厦2座　邮编　100029）
（CITIC Publishing Group）
承 印 者：鸿博昊天科技有限公司

开　　本：889mm×1194mm 1/24　　印　　张：9　　字　　数：20千字
版　　次：2016年1月第1版　　印　　次：2021年7月第16次印刷
书　　号：ISBN 978-7-5086-5765-3/G · 1285
定　　价：45.00元

服务热线：010-84849555　　服务传真：010-84849000
投稿邮箱：author@citicpub.com

序

猫的小史

猫和人亲密的历史过去一直认为自古埃及始。的确，古埃及的文物中各类猫像神灵一样无处不在。那些猫身体修长，神情自若，有一种说不出的高贵，以致很久以来人类一直固执地认为，尼罗河两岸肥沃的土地创造了农业文明，粮食的囤积导致鼠害发生，遂古埃及人驯化了猫作为帮手，这就是今天风靡世界的宠物猫的前世。

猫神贝斯特青铜像
埃及后王朝时期（约公元前600年）
大英博物馆藏

坐猫形化妆罐
埃及中王国时期第十二王朝早期
（约公元前 1990 年）
美国大都会博物馆藏

谁知仅在十年前，考古学者在塞浦路斯发掘墓葬时，发现人类骨骸旁边竟然有猫的骨骸，这些骨骸与人类相伴并不是孤例，这样，猫被驯养的历史就从 5 500 年前提到了将近 10 000 年前，符合人类早期行为的一般推断。

这个推断是，人类驯化狗最前，它能帮助人类狩猎，远古时期的人类以狩猎采集为生，考古证明狗的驯化历史约 16 000 年；人类驯化猫的历史约 10 000 年；人类驯化牛的历史再后，农业革命后人类需要帮手，吃苦耐劳的牛随即被驯化，帮人类干活，偶尔还献身成为食物，这有 6 000 年了；再后来人类才开始驯化马，主要让它帮人类打仗，和平时期也干活，考古证明马的驯化史只有 4 000 年；至于猪羊鸡鸭等畜禽，人类圈养它们仅用来果腹，算是食物，不用去干活。

猫神贝斯特青铜像
埃及王朝晚期或托勒密时期
（约公元前 664 年 ~ 公元前 30 年）

内巴蒙捕禽图
埃及新王国时期第十八王朝
（约公元前 1450 年）
大英博物馆藏

猫木乃伊
埃及约公元1世纪
大英博物馆藏

猫可能是人类最早的宠物，埃及有关猫的文物及记载留下很多。在古埃及的神话中，猫是守护女神贝斯特的化身，最初她的形象是猫首女身，修长神秘，代表丰收与康复。这种顶礼膜拜的造物今天在世界各大博物馆都可以见到。

因此埃及人渐渐将猫驯化成宠物。古埃及的神庙壁画到处可见猫的形象。当猫去世后，古埃及人还会将其制成木乃伊，甚至将小老鼠和毛绒球作为它的陪葬。考古学者曾经在一座埃及神庙中发现了30万个猫木乃伊，足见埃及人爱猫的程度及当时猫的数量。

恶魔变成黑猫逃走
16 世纪欧洲手稿

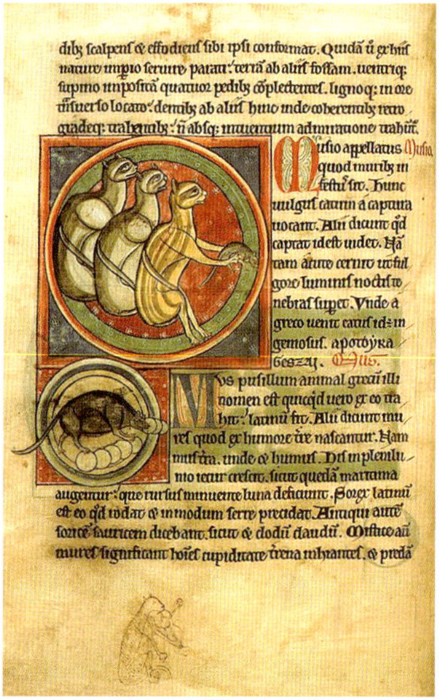
老鼠偷吃圣体，众猫捉拿老鼠
13 世纪动物故事寓言集

可是猫的命运多舛，后来欧洲长达千年的中世纪黑暗把猫几乎逼入绝境。美丽优雅的猫不知为何与巫术结了缘，尤其黑猫，变成了恶魔，除非它胸前有一撮白毛，只有这个『天使的印记』才能使它躲过一劫。大约在13世纪，欧洲的基督教会明确地将猫与巫术联系在一起，14、15世纪教会迫害猫的密集程度达到了令人恐怖的地步。因此，被打破了平衡的自然界开始报复，黑死病及鼠疫在欧洲爆发流行，使欧洲人口减员三分之一。当时的欧洲人并没有意识到这可怕的传染病与老鼠有什么直接关系，更不知道这与猫有什么间接关系。当时英国的伦敦市长还曾愚蠢地下令屠杀所有的猫，以为是它带来的厄运。即便这样，仍有农民冒着极大的风险在家养猫，猫使鼠类远离了人类，好心的农民在上帝的安排下躲过了恐怖的黑死病和鼠疫。

版画《女巫聚会》
汉斯·巴尔东·格里恩
16世纪

猫的境地改观在欧洲文艺复兴之后，有记载的欧洲第一次猫展在英国的曼彻斯特，那一年是1598年，正是欧洲结束了中世纪黑暗的日子。那之后的400年，猫在欧洲的地位不断提高，直至1871年7月13日，全世界第一次正式的猫展在英国伦敦的水晶宫举行，让猫登上了大雅之堂。

那一次参展的160只猫分为长短毛，不同颜色，让世人知道了同样为猫，还有许多千差万别的品种。随后，凡事附庸风雅的美国人也于1895年在纽约麦迪逊花园举办了正式猫展。英美等各国的猫迷协会也陆续成立，至今不过一百多年的事情。

1871 年英国水晶宫举办的猫展

1895 年美国纽约举办猫展的冠军猫

宋代 《冬日婴戏图》 台北『故宫』博物院藏

国人与猫

中国人养猫的历史偏短，起码比养狗的历史短多了，而且远不及养狗那么普遍，这从出土文物中很容易得到印证。商周的墓葬中常有殉狗现象，而且常常在棺椁之侧，可见狗为其主自古就是传统。汉代的墓葬出土的陶狗比比皆是，大小立坐动静随意，如此众多的陶狗出土却不见一只猫殉葬。所以说，文物印证中国人养猫大约出现在公元四世纪，传播途径很可能是由埃及传到意大利，传遍欧洲后再传入亚洲；中国最早在南北朝时期由西亚引进了猫，至唐开始普及民间。

还有一个思路可以佐证这个历史。唐诗号称唐代的百科全书，无所不包，李白、杜甫、白居易都在诗中写过狗，初唐的骆宾王、晚唐的李商隐也都写过涉及狗的诗句，但他们都没写过猫。理论上猫比狗更容易入诗，查遍唐诗，涉及猫的诗寥寥无几，元稹有一句：『停潦鱼招獭，空仓鼠敌猫。』（《江边四十韵》）对仗工整。另外还有两个和尚寒山、拾得各有一句写得具体，寒山：『骅骝将捕鼠，不及跛猫儿。』拾得：『若解捉老鼠，不在五白猫。』和尚遁入空门，诗写得也大雅大俗，明白无误。可纵观唐诗近五万首，涉及猫的诗句就这几句，与狗的普及严重不对称，所以说养猫在唐朝比养狗一定少很多。

宋元以后，猫在文学作品中多了起来，宋代秦观写过『雪猫戏扑风花影』之句，动感十足；元代张国宾的『莫道出家便受戒，那个猫儿不吃腥』流传甚广；到了明初，有个叫唐珙的文人做了一首很具体写猫的诗，诗名就叫《猫》：『觅得狸儿太有情，乌蝉一点抱唇生。牡丹架暖眠春昼，薄荷香浓

宋代 《狸奴蜻蜓图》 日本大阪市立美术馆藏

醉晓晴。分唾掌中频洗面，引儿窗下自呼名。溪鱼不惜朝朝买，赢得书斋夜太平。』诗写得一般，还是套写前人的，但有情有义，诗中的猫完全是宠物猫的感觉了，不再是捕鼠的高手。

画亦如此，宋代狸猫入画，有台北『故宫』的《富贵花狸图》、《冬日婴戏图》（苏汉臣），日本大阪市立美术馆的《狸奴蜻蜓图》等等。宋画的猫已无野性，完全宠物状态，与南宋人吴自牧《梦粱录》记载吻合，他在书中有如下文字：『猫，都人畜之，捕鼠。有长毛，白黄色者称曰「狮猫」，不能捕鼠，以为美观，多府第贵官诸司人畜之，特见贵爱。』而同为南宋人的周密在其著作《武林旧事》中专门提到，都城临安有手艺人经营的宠物店里卖有『猫窝、猫鱼、卖猫儿』，这段记载与今人的生活几乎无异，可见南宋人不枉虚名，『暖风熏得游人醉，只把杭州作汴州』。

元明清以后，尤其明清，养猫为宠物朝野风行，文学作品中描述增多。《金瓶梅》的黄猫黑尾意象的使用，黑猫白猫穿插小说其中，不仅吓得官哥大哭，还搅了潘金莲与西门庆的好戏；《红楼梦》中王熙凤养猫，贾母宴请刘姥姥剩下的精美菜肴，丫头鸳鸯先挑了两碗给平儿送去，见平儿吃过饭了，便说『喂你们的猫』，显然王家的猫很是高贵。王熙凤的谐谑名言：『人家养猫会拿耗子，我的猫倒只咬鸡！』这话是委婉地说给平儿，一为警示平儿不要给尤二姐帮助，二提示主仆之间仍要保持良好关系。

宋代 《富贵花狸图》 台北「故宫」博物院藏

民国时期，许多文化大家都专门写过猫。老舍、梁实秋、郑振铎、夏丏尊、冰心、丰子恺等都将自己养猫的故事跃然纸上，读来生动感人。那时，国人养猫都不经意，无论乡下还是城里，猫都像个精灵自由生活。这传统一直保持到我小时候，北京城里的住户养猫都不刻意，人吃什么猫吃什么，猫进出家里随意自由，没有人关起门养猫，有时猫出去几天不回也是常有的事情。那时的养猫和今天的养猫很大不同，似乎在流浪猫和宠物猫之间。北京胡同的房顶上、围墙上行走如履平地的猫，是我幼年时对这座城市最生动的记忆。

这些年随着百姓生活好起来，猫变得金贵，吃有猫粮，拉有猫砂，睡有猫窝，玩有猫架，猫成为许多人生活快乐的内容，让紧张的生活放松，让枯燥的日子温润起来。

丰子恺漫画中的猫

观复的猫馆长

观复博物馆本无意养猫，第一只入住的猫是被人遗弃的，朋友家附近拆迁，一只据他说『一根杂毛没有的黑猫』在他家门口转悠几天了，问我收留否。我说收留，于是派车去接，回来才发现『一根杂毛没有的黑猫』居然是一只狸花猫，又肥又大，憨头憨脑，于是起名花肥肥。花肥肥来时至少已有两岁，完全成熟，现在来博物馆已经13年了，这样算它至少15岁了，是博物馆的元老级馆长。

黄枪枪是流浪猫所生，因为它就生在我家楼下的草丛里，一只不知名的花猫生了几只，个个好看，大猫带着小猫每天在院中悠闲散步，温馨得很。我们欣赏几天，忽然发现小猫日益减少，最后只剩下黄枪枪形单影只，可怜的细声打动了我，遂把它抱回了博物馆。掐指一算，枪枪当馆长也有10年了。

蓝毛毛来时是一个笑话。也是朋友来电话，问我有一只黄猫要不要，我没犹豫就说要。我小时候一直固执地认为猫的本色就是黄色的，尤其黄狸猫，待把蓝毛毛接过来时让人哭笑不得，以致我认为是不是把猫抱错了，答曰没错，那我只好认为送猫的人是色盲。毛毛是观复博物馆最胆小的馆长，至今仍羞于见人，只好专做些内务，所以老有人给它开小灶。

麻条条来时有自己的名字，因不入博物馆为猫起名的谱系，故重新起了新名，日子久了旧名居然忘了。条条特别调皮，不怕天不怕地，显然是它的主人溺爱的结果。它的主人因为要生孩子，才忍痛将条条送人。条条来时瘦如麻秆，故姓麻，名条条，在博物馆大家庭的日子里，麻条条日渐丰满，与

冰心与猫

丰子恺与猫

任何人任何猫都和谐相处，最像一个馆长。这让不放心的原主人放心了，天天在朋友圈发照片炫耀。

云朵朵出身大家闺秀，主人视若拱璧，到博物馆属于下嫁。朵朵确实外表出众，一副讨人喜欢的模样，人见人爱。朵朵最爱出入办公室，看每个人办公，与每个人打招呼，累了就居高临下地张望，内外兼顾，认真过好每一天。朵朵是博物馆最新的馆长，又兼办公室主任，自己尚未发育成熟，天天少女思春般地展望着未来。

黑包包是个传奇。自己来的博物馆，等于讨饭讨到门口，瘦小枯干，腿还有伤。博物馆收留它之后，它是一天一个样，身体见壮，毛色见黑，最终俨然大将军一般。黑包包才是一根杂毛都没有呢，看着威猛，实际上心地善良，黄黄的眼珠永远泛着坚定的目光。它是那种外紧内松的馆长，最易与人沟通，上过大杂志的封面，与我配合得天衣无缝。可惜一场意外，让命运多舛的黑包包早早地离开了我们，至今想起它来还让人喟叹。

观复猫们是一个大家庭，都是偶然的原因，它们来到了观复博物馆做馆长，馆长们之间有亲疏远近，有喜怒哀乐；它们与我们之间是员工之间的默契；它们与客人之间是宾客之间的客套；它们与这个世界之间是生灵的存在与自由。我们过去从未想过，它们与我们有什么不同，而我们与它们有什么相同？

马未都

乙未 处暑

目录

正黄旗

清代八旗之一，建于明万历二十九年（1601年），以旗色为纯黄而得名。正黄、镶黄和正白旗列为上三旗，上三旗内无王，都归皇帝所亲统，兵为皇帝亲兵，侍卫皇帝的成员也从上三旗中选。康熙的爱臣、乾清门一等侍卫纳兰性德就是正黄旗人。

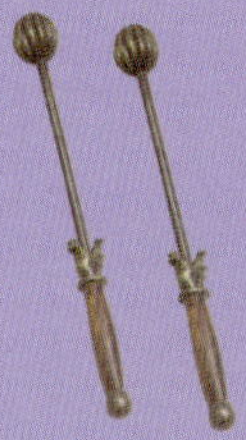

锤

锤分为长柄锤、短柄锤、链子锤等。常见有：金瓜锤、梅花锤、骨朵锤。南宋抗金名将岳云等『四大将八大锤』流传甚广。

第一爪 花肥肥

我打小就知道『男不玩猫，女不玩狗』这句俗谚。可凡是能豢养的动物我都喜欢，在农村时还养了两口大肥猪，但迫于贫穷，必须卖给生猪收购站。赶去的路上，300多斤的大肥猪让老乡啧啧称奇：还是知青的泔水好啊！

那时生猪收购上秤活称，3毛8分一斤，其中那只大的卖了120多元，这是1974年的事情了，今天一想恍如隔世。

在明晚期黄花梨百宝嵌龙纹罗汉床上小憩

瞪 睨

眯 眺

我答应过挨个介绍观复的猫。每只猫都是故事。今天介绍花肥肥，这是它下午两点时的玉照，它被太阳晒得暖洋洋，十分不情愿配合。从这点儿小事上就可以看出人与猫的不同，人会势利地调整情绪，猫却不会。

观复的深秋

花肥肥是观复的元老，好像是『非典』那年被人遗弃的。打捡来那天起，它就不像一只流浪猫，一副高贵的气质，凡人爱答不理，吃起东西来也斯文得很。

肥肥在清乾隆宫廷紫檀雕龙纹大宝座上

作为马馆长的助手，花肥肥批改稿件是一把好手

那时我常在办公室加班写东西，它就趴在我的桌上看我，非常耐烦。从这一点上我就知道它幼时受过良好教育。说起来人也是这样，底子得打好，否则长大了装腔作势都很累。

花肥肥会在办公室讨好人，谁对它好谁对它不好，它心里跟明镜似的。可惜它说不出来，也不能告状。但不代表它听不懂人的话，办公室的人都知道，如果花肥肥能开口说话，就没加菲猫的事儿了。

顺便说一句，花肥肥属中国狸花猫。体重最重时 15 斤。

花肥肥的 UGG

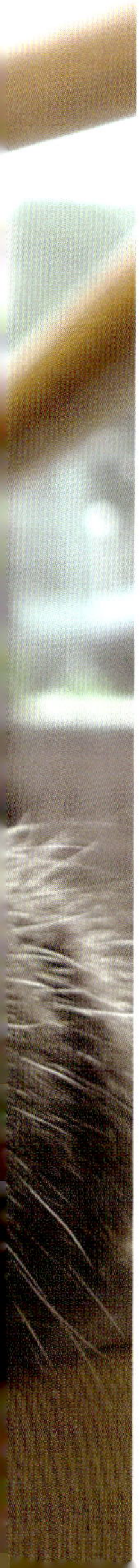

天凉了，花肥肥很知趣地又趴回沙发上。猫是最知冷知热的，天热时，它们会趴在凉爽的大理石地面上，四肢舒展，放松得如同海滩上度假的男女；天一冷，它们会根据实际情况选择安乐窝，估计再过两天，办公室的电脑上又是观复猫的乐地。

人是没如此方便的。首先是我们在进化中保暖的毛退化了，基本都丢了，剩下的毛没绒，没有保暖功能，稀稀拉拉布满全身；最多的地方是头发，用以满足人类自我装饰的虚荣心，不买账的还会剃成秃子，凸显个性。头发有意思，在社会学中构成第三性征。大部分人可以通过发型迅速判断人的性别，古今如此。过去有些男特工，随身携带假发，一旦发生紧急情况，迅速化装戴上，化险为夷。但要求特工身材中等，两米以上身高戴上多长的假发也是白搭。

肥肥枕着清中期红木雕西番莲纹六足香几的托泥睡大觉

乾隆宫廷重器：紫檀大宝座，剔红大屏风，以及霸气外露的花肥肥

可我们今天的社会性征变得越发模糊，女子男性化、男子女性化的倾向有点儿严重，所以有时在男厕所内，从背后看见长发披肩的同伴，心中不免一丝紧张。不知女子们有无遭遇过此现象？

观复的猫们特别幸福，无论男女，都变成不男不女，尽享后天伦之乐。谁也不去计较性别差异带来的不便，原先的不雅举动和不良心态都随着医生两百多元的一刀远去了，剩下的毛病只是偶尔抓一把沙发面料，在我看来，猫给我们带来的好处已大大超过坏处，所以心安理得地容忍了它们的这一毛病。

家长风范，谁敢放肆？

当然也有很萌的时候

堂

明代根雕南极仙翁立在背后，肥肥也算是老寿星啦！

脚踩清乾隆紫檀嵌景泰蓝鼓凳，看什么都觉得美

花肥肥

漫卷罗衣闲步入，碧珠一对倾国柔。
紫檀宝座花梨榻，绿幕鱼缸酸枣丘。
猫命廿年多欢乐，人生百岁可清修。
酣然一梦谁得趣，待我新丛午后游。

镶红旗

清代八旗之一，建于明万历四十三年（1615年），因旗色为红色镶白而得名。镶红旗是下五旗之一，由诸王、贝勒和贝子分统。清光绪帝的宠妃珍妃就是镶红旗人。

鞭

鞭为短兵器，战国已盛行。鞭有软硬之分，硬鞭为铁或铜制，多用于马战，沉重无刃，以力伤人。常见有：连珠鞭、竹节鞭、方节鞭。民间所贴门神尉迟敬德执鞭，秦琼执锏。

第二爪 黑包包

黑包包是自己来的。来时羸弱不堪，柔若无骨，腿还瘸。博物馆人以照顾伤病员的心态照顾小黑。黑包包倒也争气，一天好似一天，数月后通身黑亮，观者称奇。

黑包包是男孩，特能吃，食量惊人。吃饱喝足之际，它突然有一天看上漂亮女孩黄枪枪了，举止不雅，惹得黄枪枪很烦。回想黑包包初来乍到的样子，简直不敢相信这个来历不明的家伙居然也一样『饱暖思淫欲』。

黑包包的大将军风采

一只莽撞的老鼠夜里误入一层办公区域，早晨卫生人员刚把关了一宿的猫放出来，它们就以专业嗅觉发现并捉住了老鼠。一天有趣的猫和老鼠的生活由此开始了。

观复的四只猫，花肥肥、黑包包、白拖拖、黄枪枪平时看不出谁懒，也看不出谁机灵，就知道适时讨好人。关在单间的花肥肥一时没放出来，另外三只猫冲向楼下，黄枪枪一副如临大敌的样子，尾巴比平时粗了一倍，始终没敢上前；白拖拖平时蹬上跳下地一会儿不拾闲，这会儿依然还跟个啦啦队长似的，围着黑包包和老鼠转悠；只有那只上过《三联生活周刊》封面的黑包包，骁勇善战，一口叼住老鼠，玩起了千古不变的游戏。老鼠吱吱惨叫着，知道末日来临。

可我们观复的猫天天养尊处优，技能均已退化，对老鼠虽不友好，但绝对也没痛下黑手。在黑包包喘息之际，老鼠溜进了一层卫生间，冲进去许多工作人员敲打呐喊，均未奏效，老鼠居然遁形了。

一个白天大家都在议论此事，认为老鼠被咬成那样，凶多吉少。晚上下班后，二层值班室发出一声声嘶力竭的惊叫，老鼠顺着下水道已潜入二层值班室，于是乎，四只已关进猫舍的猫都被请了出来，那间小小的值班室里顿时有六人四猫一鼠，显得十分拥挤。大肥一副死猪不怕开水烫的样子，贴在地上，像个湿了水的墩布；黄枪枪在一旁坐山观虎斗；依旧是小黑，第一时间钻入床下，紧接着一阵骚乱，又叼出老鼠，三个年轻女孩见此景立刻乱作一团，我与司机还有年长见过世面的主任手持凶器，等待杀机。终于，小黑又放了嘴，几经折磨的可怜老鼠也没剩下多少劲，跑也跑不太快了，我们三人齐心协力，在吓唬老鼠又为自己壮胆的叫喊中，打死了老鼠。猫们看见了这一幕，不知是否给它们心灵上留下了阴影？

一切恢复平静，四只猫回猫舍又安逸地睡觉去了。平时真看不出谁行谁不行，猫们一个个都神气活现，一副怀才不遇的样子，但一遇事情就立刻分出高下。看来每年也得给猫们开个运动会，不比赛不行。

黑包包是我给起的名，博物馆的同仁凭个人喜好都随口叫小黑或黑黑或包包，不管你叫它什么，小黑都一副宠辱不惊富贵不淫的样子。它虽是一只流浪到博物馆的猫，但浑身没一点儿坏毛病，知道自己该做什么不该做什么，从不给大家添乱。

每天上班以后，小黑会来办公室打招呼，你对它热情对它冷淡，它都矜持得要命，喜欢谁就会和谁共坐一张椅子，主人面对电脑时，它面对主人的后背。休息的时候，很多人都会掏出从家里带来的猫零食，讨它的欢心。那种猫零食让我看有时少得可怜，可小黑从不嫌少，永远保持骨子里的优雅。

猫和主人一样，也有好恶，也分派别。小黑与黄枪枪好，拖拖一欺负黄枪枪，小黑就奋不顾身扑过去，只要替黄枪枪解了围它就罢手，不去纠缠，大家风范。在与人的交往上，小黑最知分寸，那年我拍照片，想与猫们合影，平时神气的猫们只有小黑配合，其他所有猫都扶不上台面，让我觉得命该如此。

今天我一下飞机就接到办公室发来的短信噩耗，说小黑在医院抢救，我没敢马上问原因，但二十分钟后又接到一条，说小黑没心跳了……我在机场高速路上望着窗外黑夜中闪烁的灯光，不想去想，又不能不想，小黑西去了，我想办公室的同仁们都和我一样非常难过，黄枪枪一定会整天地到处找它，很多人都会想念那个冬天挤在椅子上热乎乎如同热水袋般的家伙……

前两天一本新书的封面让我挑照片，我觉得自己一个人上封面孤独尴尬，就挑了一张我与小黑的合影，我们两个眼中都闪着各自的目光，瞧着共同的方向，可惜小黑看不到新书出版了。

最默契的配合，才能上封面

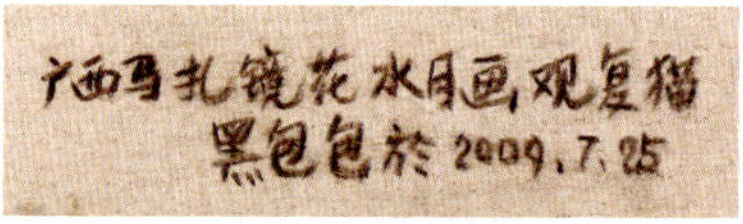

一位『马扎』为黑包包所作的画像

黑包包

玄玉盈泽美少年，一身本领天外仙。
适逢鼠患显真力，观复猫群自卓然。
侠骨忠心谦有礼，士肝义胆正实坚。
惜别墨色浓如许，早化清风寂静眠。

正红旗

清代八旗之一，建于明万历二十九年（1601年），因旗色为纯红而得名。正红旗是下五旗之一，由诸王、贝勒和贝子分统。至清末，是八旗中人口最少的一个旗，规模为下辖七十四个整佐领，约两万三千兵丁。著名作家老舍先生就是正红旗人。

鎗

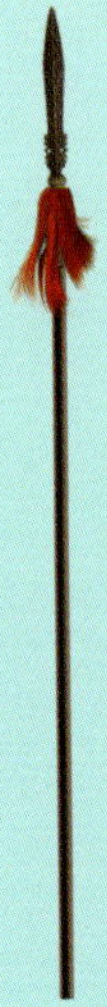

枪和矛一样，古战场使用广泛。唐宋善使枪者多，如罗家枪、杨家枪。南宋抗金名将岳飞极善使枪，至今尚有『岳家枪法』。

第三爪 黄枪枪

我从小就喜欢动物，能豢养的就更喜欢。动物有人所不知的灵性，长于人而人常不知。人的悲哀就在于此。

观复博物馆有四猫五犬。犬显然是看家的。两条藏獒，两条黑背，一条萨摩犬。每晚各尽职守，尤其是叫声如山谷回声的藏獒，令生邪念者心畏胆寒。

猫都有美丽的名字：黄枪枪、花肥肥、麻条条、黑包包。它们天天都在办公区游走，做谄媚状以获得好感。所以办公室有规定，上班时不许与猫游戏。

回眸一笑百媚生

软玉温香抱满怀

黄枪枪

别理我，烦着呐

我们这些天天如贵族生活的猫，其实童年都挺苦，都是流浪猫，先后被捡来，生活一步登天。博客新换的照片抱着的就是黄枪枪，名字取自猫谱——雪里拖枪。凡白猫黑尾称之为雪里拖枪，我们这只白猫黄尾则更为名贵。名字与王朔的《看上去很美》的主人公方枪枪有一拼。

黄枪枪温柔善解人意，每叫必答，从不犯懒，故选明星首先亮相。黄枪枪是我家院中一流浪猫的后代，兄弟姐妹几只早于它被人领养，只剩它一只时，常孤独地在草丛中哀叫。凄美的叫声改变了它的命运。

我考证了一下，黄枪枪应是土耳其猫的后裔，血统不纯。其特点是：一，夏季短毛，冬季长毛；二，不畏水，喜游泳。这两点已在我们办公室得以证实。鱼池里的鱼最怕看见黄枪枪。

看起来很好吃的样子……

凌波微步——黄枪枪版《洛神赋》

名花倾国两相欢

猫成为人类的宠物，漂亮的毛皮是不容忽视的原因。人类身上几近无毛，这本是进化的结果，幸亏头上还残留头发，黑棕红黄白，倒也平添一分风景，让人能有机会捯饬形象。流行染发以来，能想出来的颜色都有人试过了，也不管头发颜色与肤色是否搭配。

我的头发越来越白，尤其在电视台某种灯光下，可以白成一片，连自己都瞧不过去；可我又执意不染发，一嫌麻烦，二怕别人说我老扮嫩。可猫不懂这些矫情的人类文化，冬去春来，每到换毛季节就要褪去绒毛，此时很容易发生擀毡；黄枪枪由于毛长，几天不梳就会梳不透，如果愣梳，她会翻脸，于是办公室有人趁她不注意时用剪刀剪下毛结，结果黄枪枪身上坑坑洼洼的，很是难看。我实在看不下去了，让他们去买一把推子，为黄枪枪美发美容。他们图省事，抱着黄枪枪直接去了宠物店，为她做了美容美发。专业就是专业，黄枪枪以全新面貌亮相，一回到博物馆径直跑向我的办公室向我报到，当时我不在，扫了黄枪枪的兴，让我于心不忍。

我抱着剃光毛的黄枪枪，她一动不动，浑身暖暖的，软软的，如一只世界名牌包在手，那种感觉让我舒服得无以复加。美容师为她留了头发，留了尾巴尖，留了雪地靴，让她神气如狮。黄枪枪从此踏进了时尚行列。我对所有人说，要对她说好看，她有自尊心，她懂人类，比人类懂她的要多。猫在人类眼中不过是个宠物，可人类在猫眼中是父母，所以理所当然地要承担责任，这个责任是上苍赐予人类施爱的能力，让人类三倍获得幸福。

黄枪枪

自在

一夜风雨，独上西楼

人知道人与人之间的感情，猫也知道猫与猫之间的感情，但人不一定知道猫与猫之间的感情，即便留心也很肤浅，也会以为猫的情感世界仅限于生疏时的对抗和熟知时的依赖。

黄枪枪是个文静的美女，见到每个人不论生熟都毫无防范，一招呼它就马上凑上前来，让摸让抱，让它走开也毫无怨气。黄枪枪最可人疼的是你什么时候叫它，它什么时候答应，细声细气的，细到多数时候只见它的嘴巴翕动而听不见声音。我不记得黄枪枪出过大声，即使被拖拖欺负至死，黄枪枪也一副牙关紧咬般的默默承受。

黑包包是个见义勇为的模范，倚仗肉大身沉，发生冲突时吃不了一点儿亏。黑包包对黄枪枪打心眼儿里好，所以眼里不揉沙子，一见黄枪枪吃亏立马毫不犹豫冲上前去，以老大哥的姿态面对险恶的江湖。

爱情是个体力活

你看我干吗？

黄枪枪把这些看在眼里，记在心里。黄枪枪不善言语表达，或者言语表达时我们人类不懂，我们能看见的是黄枪枪在睡觉时老找黑包包合寝，尤其在黑包包身体不适时（比如黑包包做手术后），黄枪枪紧紧搂着半昏迷状态的黑包包度过了那些难挨的日子。

猫的感情与人的感情一样，一点一滴地建立，尤其是在患难与共的时候。黑包包走得突然，从医院回来没敢让黄枪枪知道。黄枪枪在沉默了一天之后，开始在博物馆所有它可以进去的房间耐心地寻找，发出从未有过的长啸，声音如啼。它俯下身子，在不可能藏身的柜下等犄角旮旯找寻，一刻也不停歇。我们知道黄枪枪徒劳，黄枪枪却不知；它知道的是它的情感，它要沟通，它要宣泄，它在告诉我们人类它的情感世界。

文艺女青年夏日
午后的小忧郁

朝圣之路

黄枪枪穿越回大清乾隆年间

雪里拖枪

黄枪枪

纤纤黄尾簇白梅，落地无声优雅来。
懒起舒伸柔弱骨，妆成实为霸道开。
婷婷绕膝还依靠，袅袅唤名总有回。
软糯佳人香模样，三天堪变土布灰。

正蓝旗

清代八旗之一，建于明万历二十九年（1601年），因旗色纯蓝而得名。正蓝旗在顺治前与正黄、镶黄列为上三旗，顺治初，被多尔衮降为下五旗，不再由皇帝所亲统，而由诸王、贝勒、贝子分统，兵丁约两万六千人。

矛

矛兴起于汉。唐代后多称枪，种类繁多。蛇矛因形而得名，马上所持，刺杀后果严重。三国猛将张飞，手持丈八蛇矛。

蓝毛毛

第四爪

小黑走后，观复的猫清冷了许多。黄枪枪总是独来独往，心事重重的，一个人躲在楼下的明代黄花梨万历柜的亮格中酣睡，说来算是奢侈之举；大肥对我也是爱答不理的，孤独求败，常常站在草丛中遐想。

生活的意义是什么？

正好朋友电话问我要不要再添一只猫，黄的虎猫，我想一只暖调子的虎猫会给人温暖的感觉，就毫不犹豫地答应下来。我出差在外的时候，猫被送来了，黄虎猫变成蓝灰色的一只小猫，羸弱但淘气得很，很强势地与观复猫们打了招呼。

因为我不在，新来的小猫就被他们随口起了名字，叫灰灰。这种灰蓝色调的猫在猫谱中被升格称之蓝猫，一双黄眼迷死人。我见到灰灰时，按惯例为其起了大名，叫蓝毛毛，几天之后，猫的小名灰灰就成为历史，没人再叫了。

比比谁的眼睛大？

拍照有讲究，叶子颜色得和我的眼睛一致

蓝毛毛身体瘦弱，但食量大得惊人，让观复老猫们相形见绌。它趴在食盆面前往往一吃就是二十分钟，还总是一副意犹未尽的样子。吃完后心满意足地抹抹嘴，再抹抹脸，然后上床睡觉，几周下来，体态让人不敢恭维。

古有张果老倒骑驴，
今有蓝毛毛倒骑马

我背后可是有三百年历史的大漆螭龙站牙乐器架

蓝毛毛

床在蓝毛毛的眼中到处都是，它喜欢谁就上谁的办公桌，挤一块地方倒头就睡。它没有人间的困惑与烦恼，也不去看上下级脸色，与观复的元老猫们也不急于搞关系，我行我素，多少有点儿嚣张。

同样爱读书的俩馆长

它只是跑到我的办公室时常常有些紧张，探头探脑的，让我觉得它也不容易。别看蓝毛毛幼小，可它知道江湖上有时风平浪静，有时也会波涛汹涌；遇到天大的事，它也不会制止别人打110。刚才路过办公室看见蓝毛毛酣睡刚醒，头下枕着一本《清宫史事》，心想，观复猫修养也是一点一滴积累的，读史是第一课。

书山有路勤为径

学海无涯苦作舟

谁说我胖？我能参加国家跳水队！

蓝毛毛

这雨断断续续下了有十天了，秋雨愣是下成了春雨，如果没有雾霾恐怕还能有些诗意，只可惜雾霾太重，让所有的物象都显得有点儿脏。天实际上还不算太冷，也没有一场秋雨一场寒的感觉，可谁也高兴不起来。红叶掉了大半，忘记了前几天还飘了一场雪。

观复猫们都不大爱出来了，它们也不喜欢雾霾。客人也显得稀少，天气会影响客人出行，在家暖暖和和的多好，感受不到寒冷，也不去看那脏脏的天空，省得心里堵得慌。热闹了一夏一秋的观复猫们也知冬天即将来临，早早换上了厚厚的绒毛，揣着手趴在四处，各想各的心思。

我们做了个决定，为日益壮大的观复猫们盖一间大办公室，当然要有宿舍。猫们在不知不觉中已加入观复博物馆的队伍，各司其职，为工作环境增添了许多温暖，也为来参观的客人增添了不少乐趣。

让猫们参与工作听着多么不可思议，猫除了懒惰就是嘴馋，还有背负不讲情义的名声。可我们的观复猫们仁义着呢，天天讨好自己心仪的人，有的还会专门讨好客人，对主人倒是常常不理不睬，矜持得很。

猫办公室盖了快半个月了，都被这来历不清的风雨耽误了。猫们来来去去地无视它的存在，盖也好，不盖也好，它们反正都自由自在地过好每一天。麻条条照例每天先去售票处，花肥肥午饭前一定在食堂恭候大家，黄枪枪睡足了才会出来溜一圈，有客人上去献媚，无客人就臊眉耷眼又回去接着再睡，而新来的猫们都在一天天地适应新生活，等待来年的春暖花开，真正的春雨降临。

蓝毛毛视察新装修的观复猫馆长办公室

11种壶门设计的明式猫舍，
我表示很满意

明式
家具
研究

作为一个读书人，蓝毛毛肚子里都是货

思无邪

蓝毛毛

蓝毛毛

短耳蓝绒黄虎睛，皮囊似坠随身行。
娇憨沉静遇人跑，嗜睡喜甜别无争。
各式攀爬翻跳转，悉数团卧坐卖萌。
只因吓破猫儿胆，誓不出门戏草坪。

正白旗

清代八旗之一，建于明万历二十九年（1601年），努尔哈赤初定，因旗色纯白而得名。正白旗是上三旗之一，顺治初，多尔衮将自己所领正白旗纳入上三旗而将正蓝旗降入下五旗，这以后就成了定制。正白旗是皇帝亲统旗之一，旗内无王，兵为皇帝亲兵，并从中挑选侍卫皇室的成员。清末代皇后婉容是正白旗人。

雙剑

双剑合拢似一剑，也称鸳鸯剑、雌雄剑、龙凤剑。双剑同时入一鞘，出鞘左右手各执一，威力加倍。

第五爪 麻条条

麻条条是观复猫家族的新成员，来时瘦小羸弱，与观复猫们养尊处优的体态不般配。不知基于什么原因，麻条条来时被剃去全身毛发，换了环境又剃毛，自尊心显然受了伤害，一副破罐破摔的派头，凡事不怕，凡人不尿（北京土话，不理又不怵之意），让观复的老员工猫很不爽。

太阳王路易条条

我爱自拍

雪中精灵

麻条条的标准军姿正步走

花肥肥照旧爱答不理的样子，蓝毛毛躲了，黄枪枪路见不平地见面就掐，让新来的麻条条很是适应了些日子。它身上的毛一天天地长了出来，先是混沌一片，绒毛乱生，好像是新款时髦的发型，老辈难以接受。经过一个夏秋，麻条条脱胎换骨般地焕然一新，显出贵族女子真面目，天天披着名牌大衣迈着猫步招摇过市。

爱江山，更爱美人

麻条条体态轻盈，一看就是个女子体操运动的坯子，蹿上蹿下地自如且优雅。她在办公室行走，桌上地上，哪儿不好走走哪儿，哪儿不该去去哪儿，从不管社会对她的负面评价。麻条条有个嗜好，喜喝牛奶，一见牛奶就拼命，谁给奶喝谁就是好人，以致我怀疑她爸妈是奶牛不是猫，要不她怎么浑身黑白花纹呢！

雨后清爽的观复博物馆庭院

麻条条

寐

观复猫是个大家族，与员工和平共处，共同成长。员工们的椅子就是它们的床铺，占山为王，谁先到谁先用，不讲道理。每个员工也都很宽容，个别人还从家里带来小灶，惯着势利的猫们，所以猫就学会了讨好，看主人的脸色行事。猫处在猫的江湖与人的江湖两个世界之中，做到游刃有余颇要费一番功夫。麻条条作为出身不凡的大家千金，一到观复就与两个江湖的老客们混得烂熟，可见不是等闲之辈。

麻条条的饮水机

售票处
Ticket Office
• 票价：50元/人
• 会员可携两人免费参观；
• 学生、老年人、残疾人、教师、军人、文博人员，凭有效证件享受半价优惠；
• 1.2米以下儿童免票；
• 儿童参观需由成人全程陪护；
• 开馆时间：9：00–17：00，16：00 停止售票；
• 馆内请勿摄像、拍照、吸烟、进食、触摸展品
Ticket Prices: RMB50;
The member of our club can take two persons to visit GAFU Museum free.
The people who are students, retired, disabled, teachers, soldiers and the staff working in the culture and museum systems with the provision of their certificats would take half price discount.
The children below 1.2m visit GAFU museum free.
The children can visit only together with adults.
Open Time: 9:00 to 17:00 everyday (sales stop at 16:00)
Please no photos, no smoking, no eating and no touching inside the museum.
觀復博物館
GAFU MUSEUM
NO SMOKING

麻条条最爱售票了

枝条条，
麻条条

我在办公室独坐看书，先是隐约听到窸窸窣窣一阵声响，然后屏气定神等待声音确认了方位，凭感觉知道是小老鼠了，又叫来同事帮忙，手忙脚乱地一阵翻动，忽然看见一个棕黄色的小鼠，两眼溜圆，迅速并沉着地溜走，钻入书柜之下。

我立马紧张了起来，先是想办公室的东西太多了，谁知这小家伙都会去咬噬什么，万一咬坏个文物，这到哪儿讲理去。再又考虑靠人力把办公室搜查一遍，肯定费力不讨好，也不见得就有效。思来想去，人多数时机能还不如动物，遂大喊了一声：『哪只猫能捕鼠？』

说实话，观复猫大多数都是捕猎高手，花肥肥、黄枪枪、麻条条都在夏日里捕获过麻雀。我亲眼看见大肥卧在草地上假寐，一只眼眯着，另一只眼瞄着天空，一只大大咧咧的麻雀在它头上飞过时，大肥原地腾空而起，其高度令人咂舌，一把抓住刚才还在天空作秀的麻雀，随即大快朵颐。可惜这会儿肥肥老了，老骥伏枥，就剩下志在千里了。年轻的麻条条被抱了过来，它一进办公室就东张西望，这走走，那蹭蹭，一副悠闲自得的状态。

在明晚期黄花梨卡子花梳背椅上做俯卧撑

世界的大门向麻条条敞开了……

左爪黄花梨万历柜，右爪黄花梨衣架，身后款彩大屏风，到底先抓哪一个？

亲，你有好吃的吗？

与神同在

屋里东西太多，我本没指望麻条条能捕住老鼠，心想有猫能镇鼠，随即仍坐在办公桌前继续看书。大概仅有三分钟，我既没听见麻条条发出喵声，也没有听见小老鼠发出求救的吱吱声，起身倒水的时候发现小鼠已经去了天国，麻条条坐在它跟前没事人一样，倒是我沉不住气了，兴奋地喊大家来看。马上有人拿来扫帚簸箕将小鼠安葬，只可惜兴奋中大家忘记了照相。随即工作人员拿来罐头犒劳了麻条条，麻条条宠辱不惊地表示满意。

猫鼠之间自古就有着宿怨，鼠的出现似乎是为了让世人赞美猫的，可由于宠物猫的改良，今天大部分猫已无了捕鼠意愿，麻条条能保持猫的优良传统，足以让观复博物馆的同仁们欣慰，也让观复猫们引以为豪。

学问多少另说，反正我是戴上老花镜了

领导照相都坐前排

麻条条的书屋，取名自宋代朱熹的诗：问渠哪得清如许？为有源头活水来。

甩甩身上的雪，感觉
自己帅帅哒！

我美吗？

麻条条

尖头大眼枯柴棒，三两骨皮还轻飘。
懵懂无知貌楚楚，童心未泯顽皮招。
渐成佳境体格转，随遇而安粗壮腰。
花肥黄瘦蓝毛锦，再添虎妞麻小条。

镶黄旗

清代八旗之一，建于明万历四十三年（1615年），因旗色为黄色镶红边而得名。镶黄旗是上三旗之一，旗内无王，由皇帝所亲统，兵为皇帝亲兵，侍卫皇室的成员也从上三旗中选。乾隆帝的孝贤纯皇后、慈禧和慈安都是镶黄旗人。

刀

小腰刀，清军贴身制式装备，大小因人有异。小而厚者也称盾牌刀，小腰刀因半径小利于近身搏杀。

第六爪 云朵朵

小鲜肉，高颜值

站得高，看得远

朵朵来观复博物馆时不叫朵朵，照例得起新名字，这算是个仪式。这次动员全体员工参与起名工程，我在众多的名字里挑出了朵朵，又配上了云姓，云朵朵，富于诗意，也与朵朵灰蓝加白的毛色贴切，蓝天上白云朵朵，听着像西藏的一首歌。

清代大漆南官帽椅的步步高赶枨，枕着真舒服

窗外的世界很精彩

朵朵来时半大不小，不认生，比主人们还主人，见谁都主动打招呼，自来熟。照这浑不凛的劲儿很像是个小子，可人家的的确确是个丫头。一听说朵朵是个丫头，就有人马上预订，说以后朵朵生了，给我两只。我心里撇了撇嘴，我们朵朵自己干不干还另说呢！

观复猫们是一个大家庭，目前猫们除黄枪枪与麻条条见面老掐，其他的都和平相处，朵朵跟谁都好，天天准时准点地到办公室上班，最愿意一个人趴在休息室的玻璃圆桌上，一边盯着办公室来来去去的人们，一边欣赏着由夏及秋变化的风景。

人是不可能睡成这样的

自拍最佳角度

朵朵长得特快，眼瞅着就成了大姑娘，人见人爱。这些日子朵朵胆子越来越大，一个人独自在院子里玩耍，它对每一个事物都保持旺盛的兴趣，一片树叶也要玩上一会儿，扑来扑去，自得其乐，且乐趣无穷。

你是谁？

朵朵一天天长大，我倒开始一天天纠结。明年开春时，朵朵就会开始懂事，开始交朋友，开始逆反，甚至可能刷夜不归。这事是本能，怎么教育都没用，她都会走这一步，不管吃亏还是占便宜，只要你随着她的天性，她会完整地走完她的一生。

云
见喜

云朵朵

买了一本有关猫的书，很专业，读来流畅。自以为对动物了解的我，还是被此书深深吸引。猫和狗都是人类豢养了很久的宠物，与人类很亲，我以为自古如此。可书中作者告诉我们，自10世纪起，欧洲人把猫和女巫、邪恶联系在一起，整整一个中世纪，猫的地位低下，令人听来发指。

长达700年的中世纪欧洲，猫常被当作祭品，活活烧死，骇人听闻。猫的处境已不再是宠物，而是穷人的菜肴和法官华丽的长袍。由此造成的直接后果是中世纪的欧洲人不愿看到的——鼠患严重，黑死病大面积传播。

人与动物的不和谐当事人一般都不会知道，即便有了后果可能仍茫然不知。人类认为自己是万物之灵长，不肯向其他种类示弱，一副霸主般的讨厌嘴脸。

镜子镜子，我是世界上最漂亮的喵吗？

托马斯全旋

朵朵的红楼梦

我记得小学生时代，常常在大院中与一群孩子将野猫逼上高高的杨树，听着猫在树梢上苦苦哀鸣。我们用竹竿、用弹弓在一个弱小的生灵上涂炭，嘴中却高唱着欢乐的挽歌。我们不懂，以未成年之身心效仿大人。那个悲剧，对于我们，对于猫们，都是一场不亚于中世纪的悲剧。

我读猫书，深深为自己幼年的无知自责。人类为了自己的利益，将野猫驯化为家猫，以捕鼠为其责，后来又视其中乖巧者为宠物，以博自己欢心。家猫的历史与人类的文明史近同，不过区区五千年，可我们真的文明吗？！

朵朵也是小『马扎』

云朵朵

祥云朵朵身缘聚，吉日英英心气和。
细理素衫抬玉手，桃花点染韵如歌。
天真烂漫比脱兔，落落大方胜娇娥。
一路湖光山色好，青春做伴福乐多。

第七爪 我们在一起

岁月静好

会议中，肃静！

朵朵，咱俩一起说相声吧！

树上有只鸟

吻

皇帝轮流做，条条，你该让位了吧？

悄悄话

附 猫馆长们的星座

黄枪枪

水瓶座——特点是创新，追求独一无二的生活，对人友善又注重隐私。

名字取自猫谱——雪里拖枪。凡白猫黑尾称之为雪里拖枪，白猫黄尾是雪里拖着金枪，哈哈！美女一名，叫声柔弱，挑食，不与其他猫争食，素喜独来独往；对陌生人比对熟人热情；为保持身材，练习自创瑜伽。

最喜欢的事情：

陪伴在陌生的美女帅哥身旁！

花肥肥

金牛座——很保守的星座，喜欢稳定，不爱变动。财富的象征。

观复元老猫，性格沉稳不爱动，肚子饿的时候，没人可以拒绝它渴望的眼神；最喜欢卧在博物馆门口做迎宾猫，其实是希望来往人员都能留下『买路食』。可惜，没有人懂得它的心！

最喜欢的事情：

亲，你有好吃的吗？

麻条条

双子座——有着小聪明，但做事常常不太专一。脑子中那些新鲜的、稀奇古怪的东西会让它充满好奇。

穿着漂亮花纹的外衣，是一只见过世面的英国短毛猫，谁都不怕，哪儿都不怵；渴望外边的花花世界，曾经几次偷溜到外边去结识江湖朋友；好奇心重，爱玩，更爱美食，从不挑嘴，『只要你能吃的，我就能吃』！

最喜欢的事情：

猫生无非两件事：吃和玩！

蓝毛毛

摩羯座——最小心也是最善良的星座。非常勤奋。他们心中总是背负着很多的责任感，但往往又很没有安全感，不会完全相信别人。

体态丰腴，但行动敏捷；文静而害羞，典型的知识分子范儿；内心充满期待和渴望，每天都要博览群书，困了就在书架上眯一会儿；不喜欢冒险的生活，除了书柜，哪儿都不想去。

最喜欢的事情：

在书柜里呼呼大睡，就是喜欢躲猫猫！

云朵朵

双鱼座——天真烂漫，有些神经质。脑子里充满浪漫的幻想，具有文艺气息。我行我素，追风少年。

猫如其名，颜值高，就是这么有诗情画意，就是这么悠然自得。作为一只资深的文艺喵青年，对于吃的追求就要高标准、严要求；当然了，追求文艺范儿才是真谛。尝试新鲜事物、思考猫生百态，坐看云起时，趴到日落西……

最喜欢的事情：

趴在大圆桌上沉思，追逐落叶及一切美好的事物！

黑包包

射手座——像箭在弦上一样，喜欢主动出击。为人乐观、诚实、热情、喜欢挑战。

观复猫里的典范，是一只为猫热情、乐于助猫、敢打敢拼、路见不平一声吼的好猫；没有什么坏毛病和坏脾气，非常善良宽容。它对黄枪枪的感情一直深埋在心里，总会第一时间出来保护她，默默奉献，不求回报。

最喜欢的事情：

默默守护着深爱的黄枪枪！

清代 猫形压石
观复博物馆藏

跋

《观复猫》付梓在即，编辑希望我为书题名，我想了想答应了下来。因从小未练过书法，从不将字示人，又想此书名写得稚拙，思来想去只好用左手试试，写了十数张才适应了左手写字的规律，挑选了三个字作为本书的书名。第一次尝试左手写字，难为老夫了。为了观复猫们，请诸位看官见谅！

马未都

2015.12.15